AF227362

ÉTUDE

SUR LE

SERVICE MILITAIRE OBLIGATOIRE

DES INDIGÈNES

EN ALGÉRIE

PAR

A. RASPAIL

LIEUTENANT DE TIRAILLEURS ALGÉRIENS, BREVETÉ D'ÉTAT-MAJOR

PARIS

LIBRAIRIE MILITAIRE R. CHAPELOT ET Cie

IMPRIMEURS-ÉDITEURS

30, Rue et Passage Dauphine, 30

—

1910

ÉTUDE

SUR LE

SERVICE MILITAIRE OBLIGATOIRE DES INDIGÈNES

EN ALGÉRIE

PARIS. — IMPRIMERIE R. CHAPELOT ET Ce, 2, RUE CHRISTINE.

ÉTUDE

SUR LE

SERVICE MILITAIRE OBLIGATOIRE

DES INDIGÈNES

EN ALGÉRIE

PAR

A. RASPAIL

LIEUTENANT DE TIRAILLEURS ALGÉRIENS, BREVETÉ D'ÉTAT-MAJOR

PARIS

LIBRAIRIE MILITAIRE R. CHAPELOT ET Cie

IMPRIMEURS-ÉDITEURS

30, Rue et Passage Dauphine, 30

1910

ÉTUDE

SUR LE

SERVICE MILITAIRE OBLIGATOIRE DES INDIGÈNES

EN ALGÉRIE

La diminution de la natalité en France et l'application de la loi du 21 mars 1905 (loi de deux ans) nécessitent le maintien dans la métropole de la presque totalité des appelés. Il y a donc une diminution à prévoir sur le contingent français envoyé en Algérie et en Tunisie. Il nous sera en outre très difficile, sinon impossible, dans quelques années, de maintenir les officiers de l'armée permanente à leur chiffre actuel, en particulier pour l'infanterie.

Ce sont ces raisons, longuement exposées par M. Messimy dans son rapport sur le budget pour 1908, qui ont amené le Parlement à s'occuper, dès cette époque, du recrutement des indigènes musulmans en Algérie et en Tunisie.

Une commission, envoyée dans les derniers mois de 1907, a été étudier la question sur place. Cette commission a recueilli les avis les plus divers et les plus contradictoires.

Nous avons rencontré nous-même, soit en Algérie, soit en Tunisie, quantité d'officiers qui considèrent le service militaire obligatoire des indigènes comme impossible actuellement. Pour eux, la question de la conscription indigène est loin d'être mûre : les intéressés l'accepteront difficilement, son application nous exposera à de graves mécomptes. Ils ajoutent toujours, prévoyant une objection sérieuse : « Aucune comparaison ne peut être établie entre l'Algérie et la Tunisie ; dans la Régence, les Tunisiens sont soldats du bey. »

Nous verrons plus loin qu'un grand nombre de colons et de fonctionnaires algériens, par conviction ou intérêt, partagent cette opinion.

De là vient peut-être cette idée fort répandue en France que, le jour où nous voudrons faire de l'Arabe un soldat régulier, nous en ferons un insurgé.

La question vient d'être reprise tout dernièrement à la Chambre dans la discussion du budget de la guerre, à l'occasion du bataillon de Sénégalais dont on demandait, à titre d'essai, la venue dans une garnison du Sud-Oranais (projet du lieutenant-colonel Mangin).

Au service militaire obligatoire des indigènes est intimement liée la question des réserves indigènes.

Qu'il nous soit permis d'affirmer que l'organisation et le fonctionnement de la conscription en Algérie, et par suite ceux des réserves indigènes, sont des problèmes simples, faciles à résoudre, féconds en résultats ; nous allons essayer de le démontrer.

Historique.

La loi de 1844 créait en Algérie les premiers « bataillons turcs ». Nous appliquions ainsi de bonne heure le principe que nous avons ensuite heureusement mis en pratique dans toutes nos guerres coloniales, en Indo-Chine, à Madagascar, en Afrique occidentale : « Maintenir et combattre l'indigène par l'indigène ». Ces bataillons turcs se recrutaient uniquement par engagement. Ils furent bientôt groupés en trois régiments appelés régiments de tirailleurs algériens. Les indigènes étaient engagés à s'enrôler sous notre drapeau par l'appât de primes et d'une solde spéciale assez forte. S'ils faisaient vingt-cinq ans de service, ils avaient droit à une retraite assez élevée. Une lacune sérieuse à cette organisation était qu'un indigène se retirant, pour une cause quelconque, avant la fin de ses vingt-cinq ans de service, par exemple, après seize ou dix-huit ans, n'avait droit à rien. Il est bon d'ajouter que l'indigène faisait campagne même en Algérie. Plus tard, le droit à la retraite proportionnelle fut accordé à quinze ans de service. Un indigène faisant son service dans son pays, y faisant campagne, jouissait donc d'avantages pécuniaires bien plus sérieux que le Français faisant quinze ans de service en France. De plus, il pouvait commissionner jusqu'à vingt-cinq ans de service et obtenait ainsi une pension de retraite que n'acquérait jamais en France un sous-officier français.

La loi de 1902 porte suppression de la campagne en Algérie et Tunisie pour les indigènes.

Enfin la loi de 1903, réduisant à 144 francs la pension de retraite après douze ans de service, avec faculté de commission jusqu'à seize ans, vint réduire d'une façon très sensible le nombre et la qualité des engagés indigènes. En même temps avaient lieu des diminutions progressives de la solde journalière, de façon à augmenter les fonds de l'ordinaire, virement de fonds que le tirailleur n'est pas apte à apprécier. Toutes ces modifications impopulaires, coïncidant avec la mise en vigueur du nouveau règlement d'infanterie, donnèrent lieu à de nombreuses chansons de route dont le refrain était toujours : « A droite, par 4,144. Inal din el baïlik. » Quoi qu'il en soit, à partir de ce moment les bataillons stationnés en certaines régions n'arrivèrent plus à recruter leur contingent, et il fallut répartir les engagés dans toutes les unités de chaque régiment, autre source de mécontentement pour l'indigène, qui s'engage plus facilement dans telle compagnie que dans telle autre. D'autre part, comme on était à peu près obligé de prendre tout ce qui se présentait, la qualité de l'engagé avait baissé et les compagnies étaient empoisonnées par des déclassés des villes.

Il fallait chercher un remède pour rétablir le courant des engagements. Les colonels des régiments de tirailleurs consultés demandèrent dans leurs rapports que la retraite soit portée à 360 francs après seize ans de service, avec faculté de commission jusqu'à vingt ou vingt-cinq ans.

Le gouvernement établit un projet de pension de retraite de 288 francs après seize ans de service, avec commission jusqu'à vingt ans.

Mais, quelle que fût la valeur de ce projet, il ne résolvait pas la question d'augmenter nos forces actives et ne nous donnait pas plus de réserves que la loi de 1903, qui les avait prévues théoriquement. Il fallait donc envisager une autre solution, et nous pensons que le service obligatoire seul peut la donner.

Voyons, en effet, en deux mots, comment il fonctionne en Tunisie.

Loi sur le recrutement de l'armée tunisienne.

En Algérie et en Tunisie, les deys et les beys ont toujours imposé à leurs tribus le service militaire par prélèvement d'un certain contingent.

Le bey de Tunis établit, dès 1860, le service militaire obligatoire pour toute la Tunisie, en exemptant certaines catégories de ses sujets, en particulier les jeunes gens nés à Tunis et dans quelques autres villes et ceux originaires de certains caïdats. Les indigènes israélites n'étaient pas astreints au service militaire. Dans le traité du Bardo, nous avons respecté toutes les exemptions, et l'organisation actuelle de l'armée tunisienne n'est que l'adaptation de la loi de 1860 à la suprématie française et à la nécessité d'une armée moderne.

Cette interprétation, un peu étroite, peut-être, ne sera pas maintenue pendant longtemps encore, et la Commission d'études qui vient de parcourir l'Afrique française du Nord répartira, sans doute, plus équitablement les charges militaires en Tunisie.

La loi militaire actuelle, édictée par décret du 12 janvier 1892, contresignée par le général de division commandant la division d'occupation, Ministre de la guerre du bey, a pour but d'assurer, chaque année, par voie de tirage au sort, le prélèvement des contingents indigènes qui sont nécessaires :

1° A la garde beylicale ;

2° Aux différents corps de troupe et services de la division d'occupation ;

3° A la division navale ;

4° Au service maritime de la Direction générale des travaux publics ;

Cette loi prévoit :

1° La formation des « listes de recensement » toujours

délicates à établir dans un pays où il n'y pas d'état civil ;

2° La composition et le fonctionnement des commissions de tirage au sort avec une énumération des cas de dispense ;

3° L'incorporation du contingent désigné ;

4° Les pénalités encourues par les appelés et les chefs indigènes en cas de fraude ou insoumission ;

5° Le remplacement à prix d'argent, les engagements et rengagements ;

6° Les réserves.

A part cette question de remplacement à prix d'argent, la loi militaire tunisienne actuelle a de nombreux points de similitude avec la loi française de 1889, d'où elle dérive évidemment.

Les cas de dispense prévus sont nombreux (12).

Ils ont pour but de permettre le recrutement plus facile de certains fonctionnaires civils ou religieux, et de développer le goût de l'instruction chez l'indigène (les indigènes ayant obtenu le certificat d'études primaires sont dispensés du service militaire).

La plupart de ces dispenses seront à maintenir dans la conscription algérienne, ainsi d'ailleurs que l'exonération à prix d'argent. Nos idées égalitaires ne sont pas encore comprises de la masse indigène, et je doute fort qu'elles le soient jamais. L'indigène le plus pauvre comprendra toujours qu'un autre indigène plus lettré et plus riche ne supporte pas les mêmes charges que lui, ou puisse les éviter avec de l'argent, puisque les tribunaux indigènes admettent même le payement de tous crimes ou délits. De plus, cette exonération à prix d'argent permet, *sans aucune charge budgétaire*, les engagements et rengagements, procurant en Tunisie environ 35 p. 100 de soldats de carrière. Ce sont ces engagés et rengagés qui donnent aux régiments tunisiens une solidité comparable à celle des régiments algériens d'engagés, solidité qui s'est affirmée à Casablanca. (Voir annexe n° 3, lettre du général d'Amade.)

L'appelé tunisien fait trois ans de service. Ce temps a toujours été jugé indispensable pour faire de l'Arabe un bon soldat, et c'est aussi celui que nous pourrons adopter en Algérie.

Le fonctionnement de la loi tunisienne donne actuellement les résultats approximatifs suivants :

La population totale indigène en Tunisie étant de 1,800,000 habitants environ, nous avons chaque année 18,000 inscrits, sur lesquels on prend 5,325 hommes (1906), c'est-à-dire 1 homme sur 3,5. Cette proportion 1/3,5 permet d'avoir un recrutement très bon au point de vue physique.

Les hommes sont versés au 4e tirailleurs, au 4e spahis, à l'artillerie, au train des équipages, au génie, aux services et à l'armée beylicale.

Il y a, en même temps, 2,257 rengagés et engagés, soit au total, 7,600 indigènes, à côté des 12,400 Français de la division d'occupation.

Le fonctionnement en Tunisie de cette loi militaire est très bon. La proportion des réfractaires n'est pas sensiblement supérieure à celle constatée en France. Ayant eu l'honneur de servir longtemps en Algérie-Tunisie, nous avons pu étudier le soldat indigène appelé ; nous avons vu les résultats obtenus dans toutes les armes et, en particulier, dans l'artillerie, arme qui, *a priori*, pourrait sembler peu en conformité avec l'atavisme militaire de l'Arabe.

D'autre part, ne croyez pas que cet indigène s'imagine être au service du bey. Il sert sous le drapeau français, il sait que ses futurs ennemis seront les ennemis de la France ; sans distinction de race ni de religion, il est prêt à combattre pour « le Sultan des Français ». Les soldats de la garde beylicale eux-mêmes, instruits et administrés par des officiers français, savent qu'ils sont au service de la France. Il nous a été donné souvent de causer avec des indigènes lettrés ou illettrés. Aucun ne considère le service militaire au service de la France comme déshonorant, ou contraire à la loi coranique. « C'est la loi, disent-ils, le gouvernement commande, il n'y a qu'à obéir », et ils obéissent, sans enthousiasme peut-être chez les appelés, mais aussi sans hésitation ni répugnance.

Enfin, la loi tunisienne prévoit l'organisation des réserves. Les réservistes ne sont, jusqu'à présent, astreints qu'à des revues d'appel.

En 1909, on a fait, en Tunisie, une expérience sur deux classes de réservistes. Pas un homme n'a manqué à la convocation sans en avoir donné un motif valable et reconnu exact.

En résumé, le service militaire obligatoire fonctionne en Tunisie d'une façon très satisfaisante, et sans la moindre opposition de la part des indigènes. Nous allons examiner et discuter les raisons données pour le faire rejeter en Algérie.

Le service militaire en Algérie.

La première objection que l'on fait, objection d'ordre tout à fait général, est la suivante : « Le service militaire est impopulaire chez les Arabes ; nous nous heurterons donc à un mauvais vouloir des plus opiniâtres et qui se traduira peut-être par des rébellions. » Eh bien ! non. Le service militaire n'est chez les indigènes ni populaire ni impopulaire. Au moment où il sera appelé, à 18 ou 19 ans, le jeune Arabe n'a pas encore de famille ; il n'a en général pas de métier, et sa disparition relative pendant son temps de service ne nuira en rien à l'existence journalière de ses proches, de son douar. Il n'y aura pour lui aucune perte de salaire, puisque ce salaire n'existe encore qu'à l'état accidentel dans la société indigène. Nous sommes, en effet, en pays musulman, il ne faut pas l'oublier, et non en présence d'une population ouvrière où la lutte pour la vie accélère tout et pour laquelle le temps est si précieux. Ici, au contraire, le temps ne compte pas, et notre bon Arabe sait que, pendant toute la durée de son service militaire, il sera bien mieux nourri et bien mieux habillé qu'il ne l'a jamais été, quelle que soit sa situation sociale dans son monde musulman.

L'indigène considère le service militaire comme un métier, métier imposé sans doute, mais qui nourrit bien son homme, sous une autorité certainement bien plus paternelle et juste que l'autorité arabe, serait-ce même la simple autorité du cheikh du douar. Il sait qu'il trouvera aussi l'égalité la plus absolue et qu'on respectera et ses croyances religieuses et sa dignité d'homme, sentiment très profond et très net chez l'Arabe algérien. Naturellement cependant, l'indigène ne partira pas au service avec enthousiasme et il est certain que, si on lui demande son avis, il dira qu'il aime mieux rester sous sa tente. La chose est d'ailleurs naturelle chez tous les peuples ; je suis bien persuadé que beaucoup de Français, en temps de paix tout au moins et malgré une compréhension fort nette du devoir national, préféreraient, si on leur laissait le choix, rester à leurs occupations ordinaires plutôt que de venir consacrer au métier des armes leurs deux premières années de vie d'homme. Rien d'extraordinaire donc que, chez un peuple qui n'a ni existence nationale ni passé national, et par suite aucune obligation nationale, le service militaire sous les ordres du conquérant n'appelle pas toutes les bonnes volontés. Son plus grand tort aux yeux de l'indigène est qu'il vient rompre l'existence calme, tranquille et un peu contemplative de l'individu, qu'il amène un changement non voulu, qu'il oblige donc au moins à un effort et une fatigue morale. Ce ne sont pas là, je crois, des raisons suffisantes pour le rendre nettement impopulaire, pas plus, il faut le dire, que les avantages énumérés plus haut ne le rendront populaire dans la masse indigène.

D'ailleurs, popularité, impopularité, supposent des raisonnements que la généralité des Arabes ne fait pas. Il y a chez eux un esprit natif de discipline, disparu en France depuis bien longtemps. Pour être obéi, pour instituer ce service obligatoire, il suffira de dire et de faire dire par les autorités françaises et indigènes : « Le Gouvernement a décidé que, à partir du 1er janvier 19.., ...etc. » Il y aura évidemment des insoumis, mais il y en a encore en France. D'ailleurs, il sera bien facile de rendre très petit ce nombre, en déclarant les chefs indigènes responsables, sous peine d'amendes sérieuses, de leurs administrés.

Pour faciliter l'établissement du service obligatoire, nous verrons plus loin les avantages possibles à donner aux anciens soldats. Actuellement, nous avons déjà en territoire militaire, particulièrement sur la frontière oranaise, nos goumiers que l'on peut considérer comme astreints à un embryon de service obligatoire. Quels avantages leur a-t-on donnés comme compensation ? Aucun, ou tout au moins aucun sérieux. Nous n'avons cependant jamais eu à nous plaindre d'eux, bien au contraire. Ils répondent admirablement à toute convocation, alors que, par la fuite, le passage en territoire marocain ou tout autre moyen il leur serait facile de se soustraire à cette obligation sans aucun dommage pour eux. Ils ont un esprit militaire très développé, ils n'ont jamais faibli, ils n'ont jamais fait défaut. Ce sont pourtant les plus rudes, les plus guerriers, les moins souples de nos indigènes d'Algérie. S'ils obéissent aux lois françaises avec un dévouement absolu, pourquoi n'obtiendrions-nous pas cette obéissance des populations plus pacifiques et moins solidaires entre elles du Tell et de tout le territoire civil ? Nous n'avons certainement pas à craindre les résultats d'une mesure juste, mais qui pourrait réunir dans une même opinion mécontente la majorité des indigènes. L'Arabe ne connaît que sa tribu, ses chefs directs français et indigènes, et il sait qu'il y a au-dessus de tout cela une autorité supérieure, une puissance à qui rien ne résiste, qui doit être obéie parce qu'elle a le droit de commander, puissance bien vague et bien impersonnelle dans son esprit simple, qui s'appelle le Gouvernement, « el Baïlik ».

Parlant du service militaire obligatoire des indigènes, M. Messimy nous montrait dans son projet de budget pour 1908 que nous pourrons ainsi obtenir un plus grand nombre d'indigènes sous les drapeaux. En Algérie, au contraire, quelques fonctionnaires et une grande quantité de colons déclarent que nous nous exposons, et que nous les exposons à un grand danger. On agite de nouveau le spectre de l'insurrection générale, et naturellement quantité de Français, fort soucieux de notre dignité nationale, se rangent du côté de nos colons soi-disant menacés. Là encore, le reproche n'est pas sérieux. Pas plus que l'obligation de payer l'impôt personnel chez le fonctionnaire français, une nouvelle loi sur le service militaire ne peut amener une insurrection quelconque. Ce que le fanatisme religieux, même habilement exploité, ne peut réussir à faire : « la guerre sainte », une mesure administrative s'appliquant à une si faible minorité, 1 p. 200 environ de la population indigène, ne le fera sans doute pas mieux. Même dans les circonstances les plus difficiles de notre histoire, même en 1871 après la mise en vigueur prématurée et maladroite du décret Crémieux, l'insurrection fut fomentée par des intérêts particuliers et fut limitée aux tribus des chefs mécontents. Dans ces circonstances, nos tirailleurs indigènes furent merveilleux de fidélité et d'héroïsme. Il suffit de citer l'exemple suivant : « La garnison de Touggourt se composait alors d'une simple section de tirailleurs (35 hommes sous le commandement d'un officier indigène). Cernée dans un vieux borg, elle se laissa anéantir jusqu'au dernier homme sans jamais demander à rendre ses armes.

Nous pouvons avoir confiance en nos indigènes. Les preuves qu'ils nous ont fournies sont une garantie de leur dévouement et de leur valeur.

Nous avons, en Algérie, 19,000 indigènes sous les armes, sur un effectif total de 54,000 hommes, soit environ 1 indigène pour 2 Européens. Dans toutes nos autres colonies, nous entretenons, au contraire, 2 soldats indigènes pour 1 soldat européen. Ne pouvons-nous pas faire de même en Algérie? Non, disent les colons, et ils parlent de suite de massacres. Ils disent aussi : « Pourquoi instruire tant d'indigènes? Quand vous leur aurez appris le maniement des armes perfectionnées, ils s'en serviront contre nous. » Nous répondrons : « Instruisons les Arabes ; ils ne pourront jamais se lever contre nous parce qu'ils n'auront pas de chef ; parce que, n'ayant pas la notion de patrie autonome, ils ne peuvent pas s'unir, et parce qu'une armée indigène, si nombreuse soit-elle, même instruite par nos soins, ne peut plus rien si elle est privée de ses instructeurs, de ses cadres, de ses officiers qui lui donnent la vie et la force. » Nous venons d'en avoir un exemple tout récent. Les Beni-Snassen sont certainement de rudes soldats aguerris, entraînés, parfaitement armés et sachant se servir de leurs armes. Qu'ont-ils pu faire devant d'autres Arabes armés comme eux, mais commandés par des officiers français ayant notion de la manœuvre? N'ont-ils pas été obligés de quitter leurs montagnes, où ils se croyaient en sûreté, pour venir demander la paix? Instruisons donc nos indigènes. Livrés à eux-mêmes, ils ne seront que des Beni-Snassen ; mais instruits et encadrés, appelés, rengagés ou réservistes seront les dignes successeurs de nos turcos de Wissembourg, et nous pourrons compter sur leur valeur, leur entraînement perpétuel, aussi bien en Afrique qu'en Europe.

La peur n'est pas le seul sentiment qui fasse craindre aux colons l'augmentation de nos troupes indigènes. Une autre raison, plus sérieuse peut-être, est la crainte de la diminution de la main-d'œuvre agricole.

L'indigène, déjà peu enclin au travail manuel, ne fera-t-il pas comme les Arabes retraités et se refusera-t-il, après son service, à tout travail chez un colon ?

Nous pensons cette crainte peu fondée. Nous n'appellerons, en effet, sous les drapeaux, qu'un quart environ des jeunes gens entre 20 et 25 ans ; le reste, soustrait à l'influence du milieu militaire, sera très suffisant pour assurer à nos colons la main-d'œuvre nécessaire. De plus, parmi les appelés, beaucoup reviendront encore à la terre. Leur court séjour sous les armes (deux ou trois ans) n'aura pu leur inspirer le dégoût du travail des champs. Au contraire, après avoir vu les bénéfices qu'ils pourraient retirer d'une vie bien réglée, leur intelligence ayant été développée par un contact journalier avec des éléments français, ces indigènes ne fourniront-ils pas à nos colons leurs meilleurs ouvriers ?

Cette éducation sociale de l'indigène peut être d'ailleurs grandement favorisée par quelques mesures, simples corollaires de la loi sur le service militaire obligatoire. Nous verrons quelques-unes de ces mesures après un examen rapide des conditions dans lesquelles pourrait être établie cette loi.

Loi sur le service obligatoire.

Un soldat indigène de carrière coûte environ 1,500 francs par an. Un soldat français ou indigène appelé coûte 480 francs. Nous voyons donc que, sans aucune nouvelle charge budgétaire, nous pouvons avoir sous les drapeaux trois appelés à la place d'un engagé ou rengagé. Nous avons actuellement sous les drapeaux, en Algérie, environ 20,000 indigènes engagés ou rengagés. (Voir annexe n° 2.) Quels effectifs nous donnerait le service obligatoire? La population indigène du territoire civil, le seul à qui, à notre avis, doive être appliqué ce service obligatoire, est à peu près de 4,200,000 individus. La conscription donnant environ 1 p. 100 de jeunes gens entre 18 et 20 ans aptes au service militaire, nous disposons donc de 42,000 appelés.

En tenant compte des dispenses, qu'il faudra, comme en Tunisie, créer assez nombreuses, de l'exonération à prix d'argent, enfin d'une sélection physique rigoureuse, nous pouvons facilement compter sur un contingent bon de 15,000 recrues. En admettant trois années de service, nous aurons avec ce système 40,000 à 45,000 appelés sous les drapeaux, chiffre pouvant être facilement augmenté en cas de besoin ou de ressources budgétaires.

L'entretien de ces 45,000 hommes laisserait donc des crédits disponibles. On conçoit facilement que ces crédits : l'argent provenant des exonérations et l'établissement, comme en France il y a quelques années, d'une taxe militaire payée par les appelés non incorporés pour une cause quelconque, permettraient sans aucune nouvelle charge budgétaire l'entretien des 15,000 à 20,000 rengagés nécessaires pour maintenir aux régiments indigènes leur solidité actuelle. Nous aurions ainsi un minimum de 60,000 hommes sous les drapeaux, au lieu de 20,000, sans qu'il en coûte un sou à la métropole.

Nous avons admis dans cet exposé une durée de service de trois ans pour les indigènes. C'est la durée reconnue nécessaire par tous les officiers ayant eu à instruire des indigènes, pour faire de ces indigènes de véritables soldats, aussi aptes à une guerre européenne qu'à une guerre coloniale. C'est ce temps de service qui nous permettra également de compter sur les réserves.

Nous voyons que le service obligatoire peut fonctionner

en Algérie aussi bien au point de vue budgétaire qu'aux autres points de vue. Son établissement demandera cependant certaines précautions et l'observation de certaines règles que nous allons examiner.

Au début, ne devront être astreints au service que des indigènes des territoires civils. Les territoires militaires, surtout ceux de l'extrême Sud et de la frontière marocaine forment de véritables « Marches » militaires. Les indigènes y sont soumis à des obligations militaires souvent très dures, de très longue durée, et pour lesquelles ils ne peuvent pas être remplacés par des réguliers. Conservons ce dispositif de sûreté qui a fait ses preuves et qui, entre autres avantages, est très économique. La police en territoire militaire étant remarquablement faite et le service de renseignements parfait, nous n'avons pas à craindre un exode vers ces territoires des indigènes voulant se soustraire au service obligatoire.

Les listes de recensement devront être établies avec la plus grande exactitude. Cette question fait regretter l'absence d'état civil complet pour l'indigène. En 1891, un essai a été fait pour l'établissement de listes d'état civil, mais jusqu'à présent il ne fonctionne correctement que pour l'indigène urbain, et l'indigène de tribu ne fait pas de déclaration de naissance. Nous serons donc obligés, pour l'établissement de ces listes de recrutement, de passer par l'intermédiaire des cheikhs et des caïds, et il faudra, à tout prix, réduire les fraudes par un contrôle des plus rigoureux et des exemples énergiques. On a vu en Tunisie, où n'existe pas non plus l'état civil des indigènes, la fraude prendre dans certains caïdats des proportions extraordinaires, pour le plus grand bénéfice des cheikhs et des caïds établissant les listes de recensement. Une pareille pratique jetterait le discrédit sur le service militaire imposé par la France et sur la justice française. D'ailleurs un nouveau recensement est actuellement en cours d'exécution en Algérie.

Il ne faudra pas trop dépayser le jeune soldat, par exemple ne pas le changer de province, tout au moins pendant la première année de son service. Il ne faut pas compter non plus pouvoir lui faire passer en France ses trois années de service. L'Arabe a une vie totalement différente de la nôtre, et, à ses moments de repos, quand il sort de la caserne, il faut qu'il se retrouve dans son milieu. Ceci n'empêche d'ailleurs pas qu'il soit apte à faire campagne, et certainement très bien, en Europe comme aux colonies. Tant qu'il se battra, pendant toute la durée d'une campagne si dure soit-elle, son moral ne faiblira pas, parce qu'on lui aura affirmé qu'une fois la campagne terminée il rentrera dans son pays ; il sait qu'il retrouvera ses concitoyens parlant sa langue, ses cafés maures, ces mille petits riens qui remplissent la vie d'un indigène et qu'on ne peut lui offrir en France, pas plus dans le Midi que dans le Nord ou dans l'Est.

Le jeune soldat ayant ainsi fait trois ans de service dans sa province sera versé pendant dix ans dans la réserve de l'armée active, puis libéré de toute obligation militaire. Pendant son temps de réserviste il sera astreint à différentes revues d'appel, par exemple tous les trois ans. Je crois complètement inutile d'astreindre le réserviste à des périodes d'instruction. Dans son passage au régiment il se sera discipliné, acquérant ainsi la qualité qui lui manquait le plus au point de vue militaire. Cette habitude d'obéir au gradé et à l'officier français ne se perdra pas, et nous retrouverons au moment du besoin le soldat endurant, robuste et discipliné, tel qu'il était au moment du retour dans ses foyers.

Il serait, je crois, facile de donner à cette institution des réserves une certaine popularité chez les indigènes. Il n'y aurait qu'à décréter que le soldat, rendu à la vie civile après trois années de service, ayant obtenu au régiment un certificat de bonne conduite, est à partir du

moment de son passage dans la réserve, soustrait au
« Code de l'indigénat ».

Le « Code de l'indigénat » en effet, établi surtout pour
assurer la police en dehors des villes, soustrait l'indigène
au Code de droit commun et lui applique des pénalités
administratives pour certaines fautes déterminées. Il
l'oblige à se munir d'un permis de voyage pour se dépla-
cer au delà d'un certain périmètre, etc. C'est donc toute
une série de mesures vexatoires. Le gouverneur de l'Algérie a déjà soustrait d'office à ce code d'exception certaines catégories d'indigènes de classe supérieure (les
officiers indigènes, les assesseurs auprès des tribunaux
musulmans, les notaires indigènes, etc.). Étendons cette
mesure à tous nos réservistes indigènes ayant obtenu un
certificat de bonne conduite et insérons dans leur livret
militaire, avec le fascicule de mobilisation, une carte
indiquant cette nouvelle situation juridique. Nous élève-
rons ainsi notre réserviste au-dessus de la masse de ses
concitoyens. Il sera tout fier de ressortir de la juridiction
française, et ce sera peut-être un premier pas vers une
naturalisation progressive. En cas de faute ou délit, la
suppression de cet avantage serait un moyen de répres-
sion qui aurait certainement le plus grand effet.

Cadres indigènes.

Pour l'instruction et la conduite de ces troupes actives
indigènes on continuera à employer des cadres français
et des cadres indigènes, nécessaires tous deux. Je ne crois
pas opportune la suppression pour les indigènes du grade
de caporal. L'autorité du soldat de 1re classe n'est pas
suffisante. Avec le grade de caporal on peut utiliser les
aptitudes des plus intelligents des appelés. Ce grade
pourrait leur être donné au bout de deux ans de service,
et nous aurions ainsi des gradés de complément pour
l'encadrement des réserves.

Les sous-officiers indigènes seraient tous des rengagés, et il suffira pour en avoir de leur donner une pension de retraite convenable (360 francs minimum, après quinze ans de service).

Le projet de la nouvelle loi des cadres donne une proportion fort juste des gradés français et indigènes dans la compagnie.

Ceci nous amène à aborder la question fort discutée du maintien ou de la suppression des officiers indigènes tels qu'ils sont nommés actuellement.

Ce serait une erreur de croire que nos officiers indigènes actuels proviennent de grandes familles arabes. Dans l'infanterie surtout, les officiers de grande tente, instruits, véritablement considérés comme des chefs par les Arabes sous leurs ordres, sont une infime minorité. En effet, quand un indigène parlant à peu près le français est nommé sergent de bonne heure, qu'il fait bien son service, il n'y a plus comme satisfaction à lui accorder qu'à le nommer officier indigène, sous-lieutenant. Il devient ainsi de simple sergent, et souvent dans le même bataillon, le supérieur de tous les sous-officiers français, adjudants compris, et le leur fait quelquefois grotesquement sentir. Un moyen assez rapide et assez sûr d'arriver officier indigène est d'avoir été ordonnance d'officier français. Là le tirailleur a appris à parler et quelquefois à écrire le français. Son officier, content de lui, l'a fait nommer caporal, et, quelques années plus tard, il sera étonné de le rencontrer sous-lieutenant. On conçoit, dans ces conditions, qu'on ne trouve pas actuellement chez tous les officiers indigènes des qualités suffisantes de savoir, de moralité et de mentalité. On pourrait donc supprimer, par extinction, les officiers indigènes actuels et les remplacer dans les compagnies par une sorte de sergent-major ou adjudant indigène, sous les ordres de l'adjudant français. Ce sous-officier, supérieur aux sergents, serait surtout chargé de la discipline intérieure et remplirait aussi dans la compagnie le rôle d'interprète, rôle auquel les officiers indigènes se plient difficilement.

Il existe dans l'armée française quelques officiers, Arabes de naissance, sortis d'une de nos écoles militaires et servant au titre français. Ce serait là, je crois, la voie à indiquer aux classes supérieures indigènes. Il faudrait pour cela faciliter les formalités de naturalisation. Nous aurions alors des officiers, Français de cœur, d'idées et de mœurs, ne ressemblant en rien aux officiers indigènes actuels et qui nous seraient du plus grand secours pour l'encadrement, la conduite, l'assimilation progressive de leurs concitoyens.

Nous avons en Algérie un immense réservoir de véritables soldats; tout comme l'Allemagne, nous pouvons avoir plus de recrues que nous ne saurions en instruire. Utilisons ces ressources et ne nous évertuons plus, en France, à grossir nos effectifs budgétaires par l'incorporation, dans l'armée active ou les services auxiliaires, de malingres absolument incapables du moindre service de guerre.

Je souhaiterai, pour finir, que l'on fasse faire en France les deux années de service militaire des Français d'Algérie et de Tunisie. Ils seraient remplacés, pendant ces deux ans, par un nombre égal de jeunes soldats venant de France, en faisant appel à des volontaires, par exemple. La charge budgétaire ne serait pas très forte. Nous apprendrions aux Algériens à connaître la France, que beaucoup ignorent; nous ferions connaître chaque année à quelques milliers de Français notre France africaine; ce serait, je crois, pour le plus grand profit des intéressés, de l'Algérie et de la métropole.

ANNEXE N° 1
Recrutement algérien.

1° RÉGIME DE LA LOI DE **25** ANS DE SERVICE.

Taux unique de la prime : 400 francs pour l'engagement (4 ans).
— 400 francs pour chacun des 3 premiers.

Rengagements. — A partir du 4e rengagement (16 ans de service), il n'y a plus de prime de rengagement.

Aucune retraite proportionnelle.

La retraite par ancienneté de service (à 25 ans) se monte, campagnes d'Algérie comprises, à :

750 francs pour les simples tirailleurs.
950 francs — caporaux.
1,200 francs — sous-officiers.

2° RÉGIME DE LA LOI DE **15** ANS DE SERVICE.

Engagement : prime de............ 400 francs (4 ans).
1er *rengagement* .... 350 francs —
2e — .... 250 francs —
3e — .... — (3 ans).

Retraite proportionnelle à 15 ans de service au tarif de France, avec, jusqu'en 1902, le bénéfice des campagnes d'Algérie.

Soldes : Tirailleur de 1re classe ou clairon. 0 fr. 60 par jour.
— — 2e classe........... 0 fr. 50 —
Hautes payes : Après 4 ans............ 0 fr. 05 —
— 8 ans............ 0 fr. 10 —
— 12 ans............ 0 fr. 15 —

3° RÉGIME DE LA LOI DE **12** ANS DE SERVICE (1903).

Mêmes primes que pour la loi de 15 ans.

Retraite proportionnelle à 12 ans de service (144 francs pour le simple tirailleur).

Soldes : Tirailleurs de 1re ou de 2e classe....... 0 fr. 22
Hautes payes : Comme dans la loi de 15 ans.

ANNEXE N° 2

Effectifs militaires en Algérie et Tunisie.

(Effectifs approximatifs 1906-1907.)

1° ALGÉRIE

Français.

3 régiments de zouaves	8,365
2 bataillons d'infanterie légère	3,108
3 compagnies de discipline	762
5 régiments de chasseurs d'Afrique.	4,150
3 compagnies de cavaliers de remonte	787
1 bataillon d'artillerie à pied	646
9 batteries d'artillerie (Français).	1,457
1 détachement d'ouvriers d'artillerie	261
Sapeurs	1,018
Train des équipages	1,431
Ordonnances	314
1 section de secrétaires d'état-major et du recrutement	191
3 sections de commis et ouvriers d'administration	1,424
3 sections d'infirmiers	1,884
TOTAL...	25,998

2 régiments étrangers	8,628

Indigènes.

3 régiments de tirailleurs	15,749
3 régiments de spahis	2,484
Indigènes de l'artillerie	460
— du génie	150
— du train	150
Commis et ouvriers d'administration.	40
TOTAL...	19,033
TOTAL GÉNÉRAL	53,659

2° TUNISIE

Français.

1 régiment de zouaves	2,855
3 bataillons d'infanterie légère	4,662
1 compagnie de discipline	254
1 régiment de chasseurs d'Afrique.	830
1 détachement de cavaliers de remonte	58
1 bataillon d'artillerie à pied	862
3 batteries montées	446
3 batteries d'Afrique	570
1 détachement d'ouvriers d'artillerie	102
Sapeurs	416
Train	539
Ordonnances	117
Secrétaires d'état-major	53
Commis et ouvriers	249
Infirmiers	351
TOTAL...	12,409

Indigènes.

Appelés :

1 régiment de tirailleurs (70 p. 100 de l'effectif)	4,600
1 régiment de spahis (75 p. 100).	725
Autres armes	300
TOTAL...	5,625

Engagés et rengagés :

1 régiment de tirailleurs (30 p. 100)	1,986
1 régiment de spahis (25 p. 100).	242
Auxiliaires de remonte	29
Autres armes	50
TOTAL...	2,307
TOTAL GÉNÉRAL DES INDIGÈNES ..	7,932
TOTAL GÉNÉRAL	20,341

ANNEXE N° 3

Lettre du général d'Amade, commandant le corps de débarquement à M. le Ministre de la guerre.

Casablanca, 23 octobre 1908.

J'ai l'honneur de vous adresser ci-après ma réponse aux questions que vous avez bien voulu me poser dans votre télégramme n° 300, du 25 octobre courant :

« Je n'ai remarqué aucune différence appréciable de valeur entre les contingents indigènes appelés et les éléments indigènes recrutés par voie d'engagements. Tirailleurs d'Algérie et de Tunisie ont, au cours de la campagne, rivalisé de zèle, fait preuve des mêmes qualités, rendu des services égaux.

« Au point de vue de l'aptitude physique et de la morbidité générale, les unités du 4ᵉ tirailleurs n'ont pas fourni un nombre plus élevé de malades et d'éclopés que les autres bataillons, dont certains étaient pourtant acclimatés par un long séjour dans la Chaouïa et relativement plus entraînés. Au cours des étapes longues, pénibles et dont le but leur échappait, tous ont marché du même pas, supportant sans une plainte les fatigues de la route et des bivouacs et le dur service des avant-postes. Au combat, ils s'élançaient au feu avec la même ardeur, la même gaieté insouciante du danger et de la mort. Chez aucun l'ivresse de la lutte et du succès ne fit méconnaître la voix du chef, pas un acte de pillage n'a terni l'éclat d'une victoire. Bien au contraire, les actes de dévouement abondent, et les hommes du 4ᵉ tirailleurs qui se sacrifièrent pour arracher le corps du lieutenant Boulhaut à l'ennemi peuvent en revendiquer leur large part.

« Partout donc égalité de dévouement, de discipline, de courage et d'endurance. Ce résultat n'est point fait pour surprendre. La valeur des troupes indigènes, composées en somme de grands enfants, dépend essentiellement de la valeur des cadres qui les commandent. Tant vaut l'officier, tant vaut le troupier. Et, sous ce rapport également, il serait difficile de constater une différence entre les bataillons des quatre régiments de tirailleurs qui ont pris part à la campagne.

« Si pourtant on veut établir une classification entre les éléments de valeur sensiblement égale, une mention revient au 4ᵉ et au 2ᵉ tirailleurs.

« Dans l'installation des postes, les hommes du 4ᵉ tirailleurs ont fait preuve d'aptitudes et de connaissances professionnelles, ainsi que d'une habileté supérieure à celle de leurs camarades des autres régiments, pour tous les travaux qui exigent une installation : taille de pierre, confection de briques, etc. Cela tient évidemment aux conditions spéciales de leur recrutement. En Tunisie, la conscription appelle sous les drapeaux des jeunes gens appartenant à tous les corps de métier, alors qu'en Algérie, un ouvrier tant soit peu habile et gagnant sa vie ne se soucie pas de contracter un engagement volontaire, qui, dans les conditions actuelles de primes et de retraites, n'est plus recherché que par le pauvre sans moyens d'existence ou le cultivateur affamé par la disette.

« Dans un autre ordre d'idées, les bataillons du 4ᵉ tirailleurs se distinguent de tous les autres bataillons par la correction et le brillant de leur tenue, ce mot étant pris dans l'acception la plus large et le sens le plus élevé. Belle et noble attitude sous les armes et au feu, allure martiale et alerte, gaieté et entrain communicatifs, dévouement absolu aux chefs, abnégation où la résignation a moins de part que la volonté et l'esprit guerrier, telles sont les qualités essentielles de ces beaux bataillons qui méritent, en toute équité, d'être classés les premiers parmi leurs pairs.

« *Signé* : D'AMADE. »

(Lettre lue par M. Messimy à la Chambre des députés, le 18 février 1910.)

PARIS. — IMPRIMERIE R. CHAPELOT ET Cᵉ, 2, RUE CHRISTINE.

A LA MÊME LIBRAIRIE

★ — *France et Allemagne* : **Les budgets et la guerre**. 1909, 1 vol in-8. 2 fr. 50

L'Organisation de l'Infanterie et de l'Artillerie. — Enquête du *Journal des Sciences militaires*. 1909, 1 vol. in-8 .... 3 fr.

Pierre **Baudin**. — **L'Alerte**. 3ᵉ édition (*Ouvrage couronné par l'Académie française*). 1906, 1 vol. in-12 .... 3 fr. 50

Pierre **Baudin**. — **L'armée moderne et les états-majors**. 5ᵉ édition. 1905, 1 vol. in-12 .... 3 fr. 50

Général H. **Bonnal**. — **Questions militaires d'actualité** :

    1ʳᵉ SÉRIE : *La prochaine guerre ; le haut commandement ; les avant-gardes d'armée ; le testament militaire de Kouropatkine.* 1906, 1 vol. in-12 .... [épuisé].

    2ᵉ SÉRIE . *La première bataille ; le service de deux ans ; du caractère chez les chefs ; discipline ; armée nationale ; cavalerie,* etc. 1907, 1 vol. in-12 .... 3 fr. 50

    3ᵉ SÉRIE : *Les grandes manœuvres en 1908 ; la psychologie militaire de Napoléon,* etc. 1909, 1 vol. in-12 avec 1 portrait et 2 cartes. 4 fr.

Général **Pédoya**. — **L'armée évolue** :

    I. *Discipline — Antimilitarisme — Antipatriotisme.* 1907, 1 vol. in-12.. 2 fr.

    II. *Le recrutement de l'armée — Les anciennes lois de recrutement — La loi de deux ans — Les milices.* 1908, 1 vol. in-12 .... 3 fr. 50

    III. *Désirs et plaintes des officiers.* 1909, 1 vol. in-12 .... 2 fr. 50

    IV. *Le commandement des troupes.* 1909, 1 vol. in-12 .... 2 fr. 50

C. **Chaumet**, député de la Gironde, rapporteur du budget de la marine. — **La crise navale**. 1909, 1 vol. in-12 .... 3 fr. 50

Général de **Lacroix**, vice-président du Conseil supérieur de la guerre. — **Un voyage d'état-major de corps d'armée**. Compte rendu détaillé, par E. **Buat**, capitaine d'artillerie. 1908, 1 vol. in-8 avec cartes. .... 6 fr.

Commandant Edmond **Ferry**. — **De Moukden à Nancy**. 3ᵉ édition. 1907, 1 vol. in-12 .... 2 fr.

Commandant Edmond **Ferry**. — **Un règlement moderne**. — Essai sur le règlement de manœuvre de l'infanterie du 3 décembre 1904. 1905, 1 vol. in-12. 1 fr. 50

George **Duruy**. — **L'officier éducateur**. — *Leçons faites à l'Ecole polytechnique.* 1904, 1 vol. in-12 .... 3 fr. 50

Capitaine Victor **Duruy**. — **L'éducation du soldat**. Quelques moyens pratiques. 1907, 1 vol. in-12 .... 2 fr.

Capitaine **Jacob**, du 109ᵉ régiment d'infanterie. — **Discours d'un capitaine à ses soldats**. Préface de M. Pierre BAUDIN (*Ouvrage couronné par l'Académie française*). 1905, 1 vol. in-12 .... 3 fr. 50

Capitaine **Jacob**. — **Paroles d'officier aux instituteurs**. Préface de M. J. IZOULET. 1910, 1 vol. in-12 .... 3 fr. 50

Dʳ C. **Legrand**, médecin-major au 3ᵉ régiment de dragons. — **L'officier hygiéniste**. 1906, 1 vol. in-12 .... 3 fr. 50

Colonel **Ardant du Picq**. — **Études sur le combat**. — Combat antique et combat moderne. 3ᵉ édition. Préface de M. E. JUDET. 1904, 1 vol. in-12 avec portrait .... 3 fr. 50

La marine. — **Le haut commandement** *Ses fautes ; sa réforme ;* par C. **M. V.**, officier de vaisseau et **Liron**, capitaine d'artillerie coloniale en retraite. 1909, 1 vol. in-12 .... 2 fr. 50

Armée — Marine — Colonies. Six études sur la défense nationale ; par le capitaine **Sorb**. 1908, 1 vol. in-8 .... 3 fr. 50

Paris. — Imprimerie R. CHAPELOT et Cⁱᵉ, rue Christine, 2.